BEI GRIN MACHT SICH IHR WISSEN BEZAHLT

- Wir veröffentlichen Ihre Hausarbeit,
  Bachelor- und Masterarbeit

- Ihr eigenes eBook und Buch -
  weltweit in allen wichtigen Shops

- Verdienen Sie an jedem Verkauf

Jetzt bei www.GRIN.com hochladen und kostenlos publizieren

Nejla Demirkaya

Kirche und Krieg. Eine Folge königlicher Macht?

GRIN Verlag

Bibliografische Information der Deutschen Nationalbibliothek:

Die Deutsche Bibliothek verzeichnet diese Publikation in der Deutschen National-
bibliografie; detaillierte bibliografische Daten sind im Internet über http://dnb.d-
nb.de/ abrufbar.

Impressum:

Copyright © 2013 GRIN Verlag GmbH
Druck und Bindung: Books on Demand GmbH, Norderstedt Germany
ISBN: 978-3-656-57555-9

Dieses Buch bei GRIN:

http://www.grin.com/de/e-book/232171/kirche-und-krieg-eine-folge-koeniglicher-
macht

GRIN - Your knowledge has value

Der GRIN Verlag publiziert seit 1998 wissenschaftliche Arbeiten von Studenten, Hochschullehrern und anderen Akademikern als eBook und gedrucktes Buch. Die Verlagswebsite www.grin.com ist die ideale Plattform zur Veröffentlichung von Hausarbeiten, Abschlussarbeiten, wissenschaftlichen Aufsätzen, Dissertationen und Fachbüchern.

Besuchen Sie uns im Internet:

http://www.grin.com/

http://www.facebook.com/grincom

http://www.twitter.com/grin_com

Georg-August-Universität Göttingen

Seminar für Mittlere und Neuere Geschichte

Aufbauseminar: Kirche und Krieg im Mittelalter

Sommersemester 2013

Kirche und Krieg – Eine Folge königlicher Macht?

Nejla Demirkaya

29.05.2013

Geschichte und Moderne Indienstudien (2-Fächer-Bachelor)

4. Semester

„Versuchte [Konstantin] wenigstens, Thron und Altar zu verbinden? Nein, Politik und Religion sind zwei verschiedene Dinge, und die Politik ist die Kunst, das zu erreichen, was man erreichen will, zum Beispiel ein authentisches religiöses Ziel."

-PAUL VEYNE 2008, S. 71.

Ob Kreuzzüge, gewaltsame Missionierungen in der Neuen Welt oder Ketzerverfolgung - zu keiner Zeit waren militärisch ausgetragene Konflikte, an denen die Kirche beteiligt war, nicht auch auf Bestrebungen machtpolitischer Natur seitens der weltlichen Oberhäupter zurückzuführen. Am Beispiel der drei prägendsten Herrscherpersönlichkeiten der spätantiken und frühmittelalterlichen Epochen, in denen Macht und Einfluss der katholischen Kirche gefestigt und das römisch-katholische Christentum als einzig wahre Religion etabliert werden, soll diese Arbeit aufzeigen, dass sich die Verquickung von Kirche und Krieg in erster Linie infolge politischen Kalküls weltlicher Oberhäupter vollzog. Inwieweit diese vorgeblich gottesfürchtigen Monarchen tatsächlich von der christlichen Ideologie durchdrungen waren, ist umstritten, für diese Problemstellung jedoch nicht unbedeutend. Dass eine strikte Unterscheidung zwischen den Motiven und den Antriebskräften, welche den vielen militärischen Aktionen im Namen Gottes zugrundelagen, mitnichten zielführend ist, wird ebenfalls veranschaulicht. Veyne mag in der Herrschaft Konstantins des Großen eine klare Trennung zwischen Thron und Altar, Politik und Religion erkennen; weder im Fall Konstantins noch Chlodwigs I. und Karls des Großen aber ist eine solche scharfe Linie zu ziehen. Diese Unklarheit ergibt sich sicherlich nicht zuletzt aus der Tatsache, dass bezüglich der religiösen Überzeugung die Forschungslage durchaus zwiegespalten ist, was in besonderem Maße die Konstantin-Forschung betrifft. Während der eine Teil in ihm einen frommen Christen sieht, der zudem bereits vor dem Jahr 312 zum neuen Glauben übergetreten war, vermutet der andere hinter seinem Bekenntnis zum Christentum in erster Linie politische Berechnung (vgl. WEBER 2011, S. 24). Konstantin sah sich möglicherweise selbst und agierte als Beschützer und Verkünder des christlichen Glaubens (VEYNE 2008, S. 88), doch obgleich die Institution Kirche immer stärker in die Reichspolitik eingebunden wurde, erlangte das Christentum unter ihm doch nie den Status einer Staatsreligion. Diese Tatsache lässt sich unterschiedlich bewerten, zumindest aber liegt aufgrund des langen Festhaltens Konstantins an paganer Selbstdarstellung sowie des mangelnden Vorgehens gegen die heidnischen Bräuche die Vermutung nicht allzu fern, dass er ein vorallem pragmatischer Souverän war, der seiner Religiösität, so sie denn vorhanden war, in politischen Fragen nicht die Oberhand überließ. Dieser Einschätzung auf den ersten Blick widersprechend sind die vielfältigen christlichen Referenzen, die Konstantin im Lauf seiner Regierung machte: Das Christusmonogramm, angeblich nach einer bekehrenden Vision erstmals in der Schlacht an der Milvischen Brücke 312 als Feldzeichen geführt und später Bestandteil des Labarums, sollte zweifellos als Hinweis auf die sakrale Legitimation konstantinischer Schlachten und Eroberungen sowie Konstantins Herrschaft allgemein gedeutet werden. Überdies hielt er seine Truppen zum Gebet an und führte Militärpfaffen mit sich, wie im Endkampf gegen seinen Rivalen Licinius geschehen. Letzterer erschien in der kirchlichen Propaganda als christenmordender Tyrann und gottloser Heide – das genaue Gegenteil also zum „Heiland und Wohltäter" Konstantin (DESCHNER 1986, S. 231). Die bereits während der bewaffneten Konfrontation mit dem Mitkaiser Maxentius betriebene bewusste Kontrastierung zweier Gegner auf Grundlage ihrer Religion erweckt den Eindruck, dass es sich um einen Glaubenskrieg handelte. Wie ein knappes Jahrzehnt zuvor erlangte Konstantin jedoch auch diesmal durch seinen Triumph bedeutende Gebiete des Imperiums; sein wahrscheinlich vordergründigstes Ziel der Universalherrschaft war nunmehr erreicht. Entgegen des christlichen Gebots der Friedfertigkeit führte Konstantin die martialischen Traditionen Roms mit seinen Raubzügen und Unterwerfungskriegen demnach nahtlos fort, wobei er gleichfalls die uralte Verknüpfung von Religion und Krieg beibehielt. Das Christentum löste die paganen Kulte in dieser Hinsicht lediglich ab; eine höhere Moralität wurde durch diesen Wechsel allerdings keineswegs erreicht. Dem katholischen Klerus, von Konstantin mit den Jahren und dem Wachstum seiner christlichen Untertanen mehr und mehr gefördert und begünstigt (DESCHNER 1986, S. 224), erschien die mörderische Ader ihres Herrn und Schützlings nicht etwa verwerflich, sondern als gottgewolltes Instrument zur Erweiterung des Königreichs Christi. Somit fand gewissermaßen eine Art Amalgamisierung der traditionellen römischen Weltherrschaftsideologie mit der universalistischen Christianisierungsidee Konstantins statt (GIRARDET 2010, S. 160). Z.T. verblüffende Parallelen zum Leben Konstantins lassen sich in den Überlieferungen des Merowinger-Königs Chlodwig I. erkennen. Sowohl Konstantin als auch Chlodwig sollen sich inmitten kriegerischer Auseinandersetzungen dem christlichen Glauben zugewandt haben. Im Angesicht einer vernichtenden Niederlage gegen die Alemannen, deren Gebiete er dem aufkommenden fränkischen Großreich hinzufügen wollte, habe sich Chlodwig dem Bericht Gregor von Tours' zufolge verzweifelt an den von ihm zuvor vehement verleugneten Christengott gewandt und um Hilfe angefleht, welche er ihm mit seinem Glauben danken wolle. Nach dem Sieg ließ sich Chlodwig, bezeichnenderweise als „ein neuer Constantin" gefeiert (VON TOURS 1955, S. 119), dann auch tatsächlich katholisch taufen. Bei diesem historischen Anlass soll der heilige Remigius von Reims zu ihm gesprochen haben: „[...] verehre, was du verfolgtest, verfolge, was du verehrtest" (ebd.). Dem zweiten Teil dieser fast mahnenden Aufforderung kam Chlodwig zweifellos nach. Ob die folgenden Konflikte mit den arianischen Westgoten und Burgundern allerdings auf religiöses Pflichtgefühl oder reinen Machtwillen zurückzuführen sind, bleibt unklar. Möglich ist aber wie so oft eine Verschmelzung unterschiedlicher Motive und Antriebskräfte, die Chlodwig zum militärischen Schlag gegen die sogenannten Ketzer und Heiden veranlasste. Wie schon Konstantin vor ihm erkannte Chlodwig die Sinnhaftigkeit, den religiösen Aspekt seiner militärischen Unternehmungen herauszukehren, indem er selbigen den Charakter eines Glaubenskrieges verlieh. Die katholische Hierarchie diente ihm mit Rechtfertigung und Glorifizierung seiner Taten und Person, aber auch mittels ihres eigenen Einflusses, den sie z.B. über die galloromanische Bevölkerung im von Chlodwig zu erobernden Gallien ausübten. Im Gegenzug erhielt sie reichen Lohn aus Chlodwigs Kriegsbeute und seinen besonderen Schutz. So entwickelte sich das von Chlodwig geschaffene Frankenreich zur Hauptstütze des Katholizismus (DESCHNER 1994, S. 60). Chlodwigs Konversion erscheint angesichts dieses bis zu seinem Lebensende anhaltenden engen Bündnisses mit der Kirche als ein Machtmittel, mithilfe dessen er sich die Unterstützung und Hörigkeit einer bereits mächtigen Institution sicherte, welche durch diese Allianz freilich noch mächtiger wurde. Jahrhunderte später hatte sich diese Institution bereits weitgehend in Europa etabliert. Zu Zeiten Karls des Großen war die zuvor von katholischer Seite als Gefahr empfundene Dominanz der arianischen „Irrlehre" in weiten Teilen Europas kein Kriegsgrund mehr, der Arianismus weitgehend ausgerottet. So richteten sich Karls blutige Missionszüge vorallem gegen die heidnischen Sachsen. Auch hier erzielte der geistliche Stand bedeutenden Profit, denn je mehr Land durch die königliche Soldateska erobert, je mehr Sachsen zum Übertritt in die Herde des Christengottes gezwungen werden konnten, desto umfangreicher fielen die territorialen und wirtschaftlichen Gewinne für den Klerus aus. Insbesondere die Langwierigkeit mancher militärischer Konflikte mochte zur Verschmelzung, wenn nicht gegenseitigen Ablösung unterschiedlicher Motive Karls beigetragen haben. Möglicherweise war dies bei Karls über drei Jahrzehnte währenden Sachsenmission der Fall, der sich mit der Zeit zu einem direkten Missionskrieg entwickelte: Sollte die Unterwerfung der Heiden unter die christliche Religion nicht gelingen, blieb als einzige Option die Ausrottung (DESCHNER 1994, S. 462). Unter Karl erfolgte eine weitgehende politische Entmachtung des Episkopats, der ihm deswegen jedoch nicht übel gesonnen sein dürfte; immerhin erhielten die Bischöfe und auch andere geistliche Würdenträger neben Immunitätsprivilegien auch Anteile aus der Kriegsbeute. Trotz des alten Kirchengebots, welches Geistlichen den Griff zur Waffe untersagt, sorgte Karl für eine vollkommene Institutionalisierung des Reichs- und Kriegsdienstes des Klerus (ANGENENDT 1990, S. 326). Auf diese Weise hob Karl die Mitwirkung der Kirche am Krieg auf eine neue Ebene, indem ihre Vertreter nunmehr auch auf dem Schlachtfeld eine aktive Funktion einnahmen, - die sie nicht ungern erfüllten (ANGENENDT 1990, S. 326). So handelten zumindest zeitweilig auch in Karls Regierungszeit der Staat und die Kirche als Einheit, als eine Art symbiotisches Konstrukt. Mochte sich Karl wie auch seine geistigen Vorgänger Konstantin und Chlodwig als wahren Christen und von Gott zur Mission der Ungläubigen Erwählten empfunden und präsentiert haben, seine Taten und Ambitionen waren überwiegend alles andere als „christlich". Dieser Mangel an Integrität unterstreicht einmal mehr die Tatsache, dass den Motiven für das tausendfache Blutvergießen lediglich eine oberflächliche Schicht der Religiösität anhaftet, während sie im Kern letztlich doch machtpolitischer Natur sind. Resümierend ist zunächst festzuhalten, dass nicht nur eine Instrumentalisierung der Kirche durch einen weltlichen Herrscher zugunsten seiner machtpolitischen Bestrebungen erfolgte; auch der umgekehrte Fall traf zu, nämlich die regelrechte „Nutzung" eines Königs durch den geistlichen Stand selbst. Veynes zu Beginn angeführtes Zitat ist keineswegs undifferenziert auf die vorgestellten Beispiele anzuwenden; ob allen drei Monarchen wahrhaftig ein „authentisches religiöses Ziel" vor Augen lag, als sie ihre Schlachten und Raubzüge gegen die Ketzer und Heiden führten, darf bezweifelt werden. Zumindest aber war das Gefühl einer heiligen Verantwortung in keinem Fall vordergründig. Profane Gelüste, Eroberungswillen und Machtgier vermengten sich mit frommem Wahn. Die Grenzen zwischen Thron und

Altar waren verschwommen; der König griff in Glaubensfragen und kirchliche Belange ein, während der Klerus und die mit ihm verbundenen königlichen Aspirationen die Machtpolitik des Herrschers beeinflussten. Politik und Religion waren also nicht stets zwei verschiedene, klar voneinander zu unterscheidende Dinge; königliche Macht und religiöser Wille gingen in einem komplexen Zusammenspiel Hand in Hand.

Literatur

ANGENENDT, Arnold: Das Frühmittelalter. Die abendländische Christenheit von 400 bis 900, Stuttgart/Berlin/Köln, 1990.

DESCHNER, Karlheinz: Kriminalgeschichte des Christentums. Erster Band: Die Frühzeit. Von den Ursprüngen im Alten Testament bis zum Tod des hl. Augustinus (430), Hamburg 1986.

DESCHNER, Karlheinz: Kriminalgeschichte des Christentums. Vierter Band: Frühmittelalter. Von König Chlodwig I. (um 500) bis zum Tode Karls „des Großen" (814), Hamburg 1994.

GIRARDET, Klaus M.: Der Kaiser und sein Gott. Das Christentum im Denken und in der Religionspolitik Konstantins des Großen, Berlin/New York 2010 (Millennium Studies 27).

VEYNE, Paul: Als unsere Welt christlich wurde (312-394). Aufstieg einer Sekte zur Weltmacht, München 2008.

VON TOURS, Gregor: Historiarum Libri Decem: Zehn Bücher Geschichten, Bd. 1: Buch 1-5. Auf Grund der Übersetzung W. Giesebrechts neubearbeitet von Rudolf Buchner, Latein-Deutsch, Darmstadt 1955.

WEBER, Gregor: Mit göttlicher Hilfe. Träume und Visionen Konstantins vor der Schlacht an der Milvischen Brücke, in: EHLING, Kay/WEBER, Gregor (Hrsg.): Konstantin der Große. Zwischen Sol und Christus, Darmstadt 2011, S. 21-26.